Knifflig, aber lösbar!

malen und zeichnen

Natur und Umwelt

Sprache der Tiere

Labyrinth und Suchbild

Hygiene für Kids

Paule

Sudoku/Domino

Anne

Räumliches Sehen

Was stimmt hier nicht?

Märchenrätsel

Scherzfragen

Zahlen und Buchstaben

Lösungen

Was gehört zusammen?

Inhalt

© 2021 Wolfgang Kulla
Alle Rechte vorbehalten!
Herstellung und Verlag:
BoD – Books on Demand, Norderstedt
ISBN: 9783753435763

Dieses Rätselbuch gehört:

_____

Hallo ....,

schön, dass du mit uns gemeinsam die Rätsel, die Denkaufgaben und die Fragen lösen willst. Wir heißen Anne und Paule und gehen noch in den Kindergarten. Bald kommen wir in die Schule und darauf freuen wir uns.

Mit diesem Rätselbuch kommt keine Langeweile auf. Du wirst sehen, dass die verschiedensten Themen angesprochen werden und du dir viele Gedanken machen musst.

Aber gerade das ist ja das Spannende und es macht dir sicherlich viel Spaß.

Na klar, allein kannst du das nicht schaffen. Mama, Papa, Oma, Opa, Tante, Onkel oder deine großen Geschwister müssen dir dabei schon helfen. Sie werden dir die Texte vorlesen und auch diesen oder jenen Hinweis geben. Aber die Lösungen findest du allein.

Wir wünschen dir viel Erfolg!
Deine Anne und dein Paule

Was stimmt hier nicht?

Hier stimmt doch einiges nicht!
Siehst du das auch?
Was stimmt nicht? Was stimmt?
Sag es deiner Mama/deinem Papa
und kreuze „Ja" oder „Nein"
an!

Ja   Nein

Ja   Nein

7

Scherzfragen

Jetzt wird es rätselhaft! Fragen über Fragen – kannst du sie beantworten? Solltest du nicht sicher sein, dann suche dir das zutreffende Bild auf der nächsten Seite aus.
Los geht's:

1. Es hängt an der Wand und gibt jedem die Hand.

2. Es hängt an der Wand – ohne Nägel und Schrauben.

3. Welcher Mann kann weder sprechen noch hören?

4. Wer kommt grauhaarig zur Welt?

5. Welche Bilder sieht man nur im Dunkeln?

6. Welcher Hahn kann niemals krähen?

7. Was hat keine Füße, aber wenn es kalt ist, läuft es trotzdem?

8. Wer hört alles, aber sagt nie etwas?

Hier die Antworten – suche das richtige Bild aus und schreibe darunter die Ziffer der jeweiligen Frage.

malen und zeichnen

Dass der lustige Kerl ein Bär ist, ist leicht zu erkennen. Verbinde die schwarzen Punkte mit einem Bleistift und male den Bär mit Buntstiften aus.
Es gibt unter anderem den Braunbär, den Schwarzbär und den Eisbär.
Welche Farben wählst du?

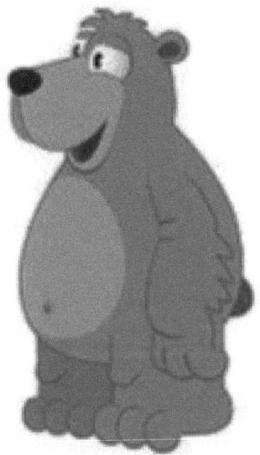

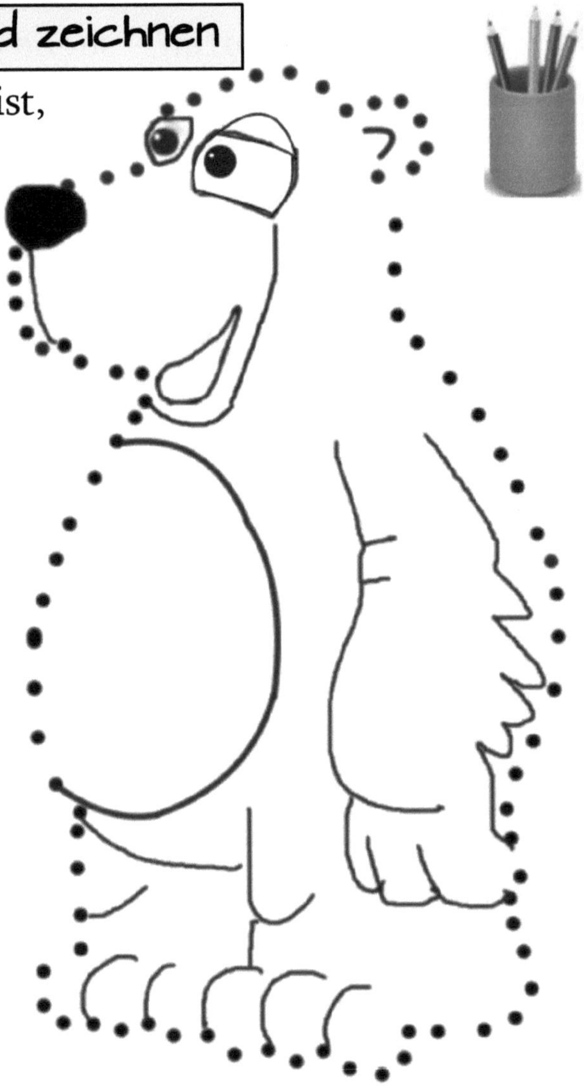

Hast du Lust eine Henne mit Küken zu malen?
Verbinde die Punkte mit einem Bleistift,
dann malst du mit den Buntstiften aus.

Ich will einen Fisch zeichnen. Machst du mit?
Schritt für Schritt zeige ich dir, wie es geht.
Nimm ein Blatt Papier und einen Bleistift.
Los geht's:

1)

2)

3)

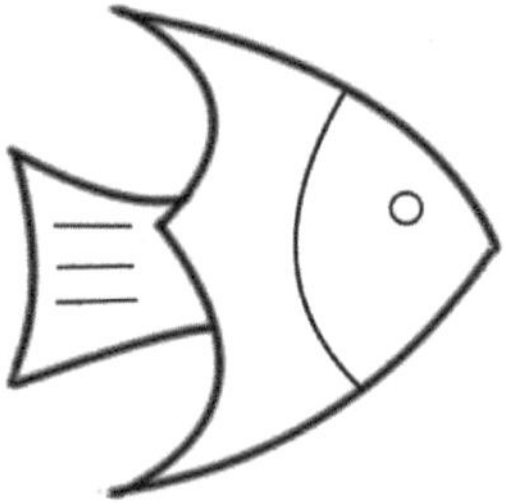

4)

5)

6)

Male deinen Fisch
mit den Buntstiften aus!

Ich male lieber ein Hündchen. Probiere es doch auch einmal!
Du benötigst ein Blatt Papier, einen Bleistift und Buntstifte. Hier die Malschritte:

1)

2)

3)

4)

5)

6)

7)

8)

9)

Wie wäre es mit einem Bär?
Du benötigst ein Blatt Papier, einen Bleistift und
Buntstifte. Hier die Malschritte:

Hier kannst du mit Buntstiften eine Katzenmama mit Kind ausmalen!

Natur und Umwelt

Insekten sind für die Natur sehr wichtig. Einerseits sind sie die Nahrungsgrundlage für viele Tiere, andererseits sind sie wichtig für die Ernährung der Menschen.
Viele Arten sind vom Aussterben bedroht.
Finde heraus, was diese Insekten am liebsten fressen!
Schreib die Ziffer in den jeweiligen Kreis!

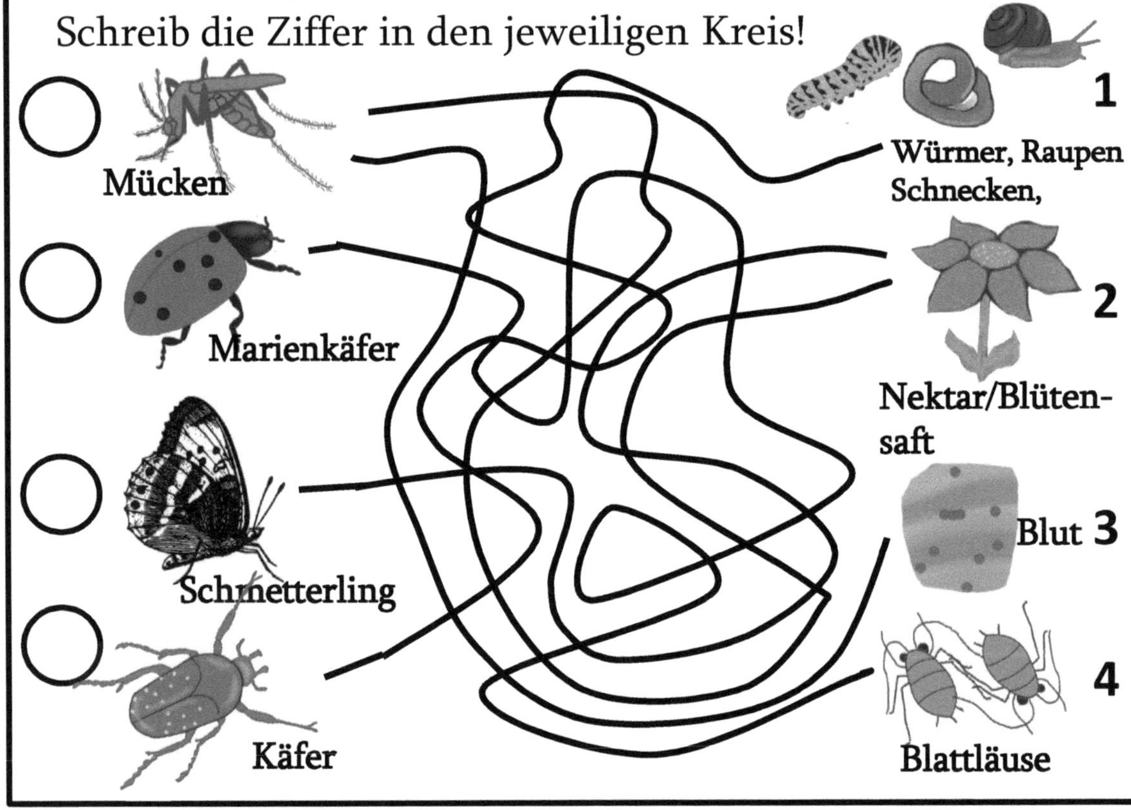
Mücken
Marienkäfer
Schmetterling
Käfer
1
Würmer, Raupen Schnecken,
2
Nektar/Blüten-saft
Blut 3
4
Blattläuse

Damit alles wächst und gedeiht, braucht die Natur vor allem die **Bienen**. Sie ernähren sich vom Blütensaft. Durch ihre Nahrungssuche bestäuben sie unter anderem die Blumen, Bäume und Sträucher und sorgen so dafür, dass sich die Pflanzen vermehren können.
Ich mache mir Gedanken, wie Nahrung und Nistplätze für die Wildbienen geschaffen werden können.
Was meinst du? Kreuze die richtigen Möglichkeiten an!

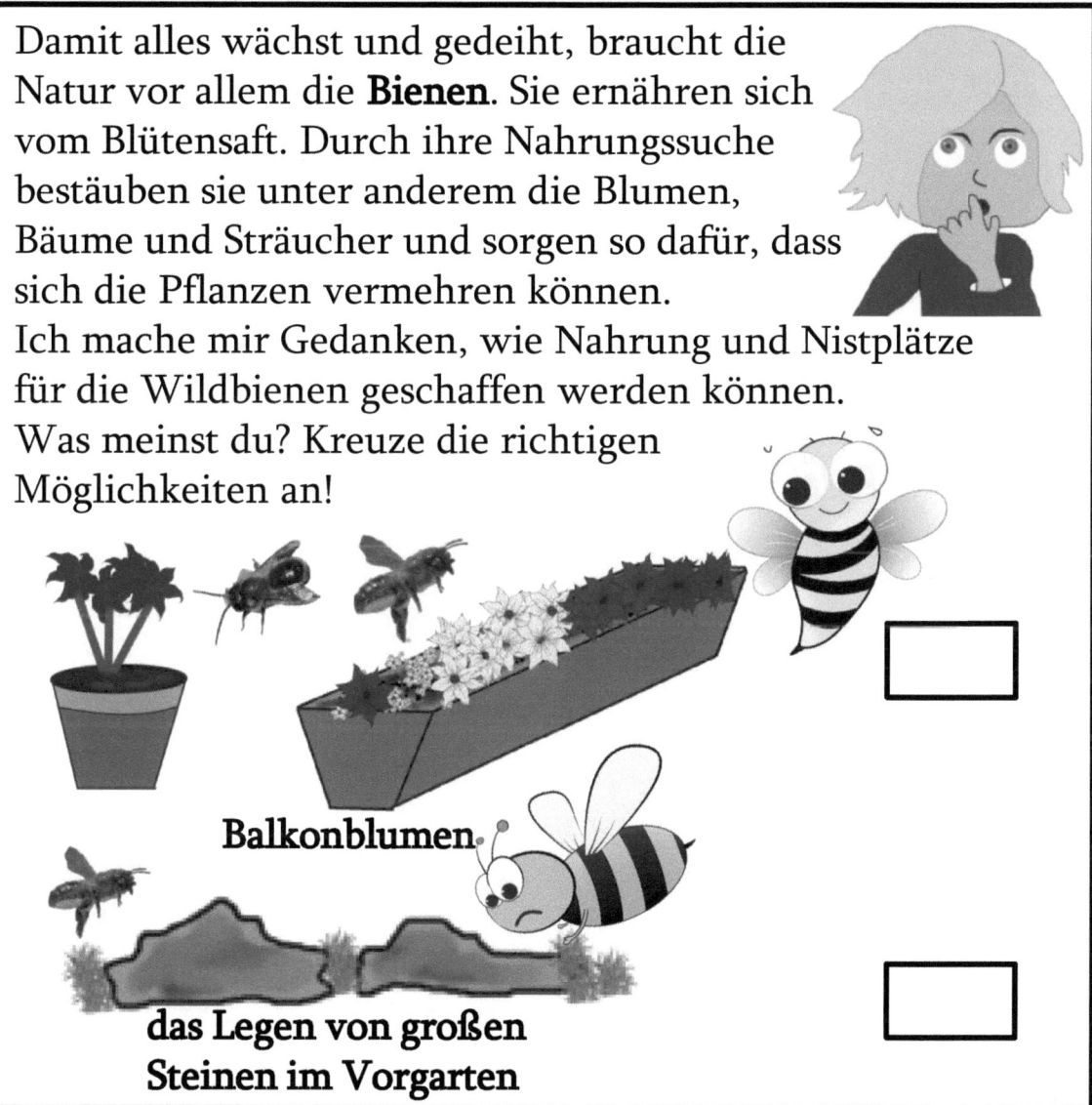

Balkonblumen

das Legen von großen Steinen im Vorgarten

Blumenbeet im Garten

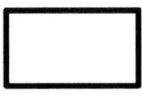

„Insektenhotels" anbringen

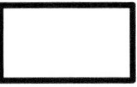

Das Anlegen von großen Stellflächen vor dem Haus, statt Blumenbeeten.

Finde heraus, was die Vögel am liebsten fressen!
Schreib die Ziffer in den jeweiligen Kreis!

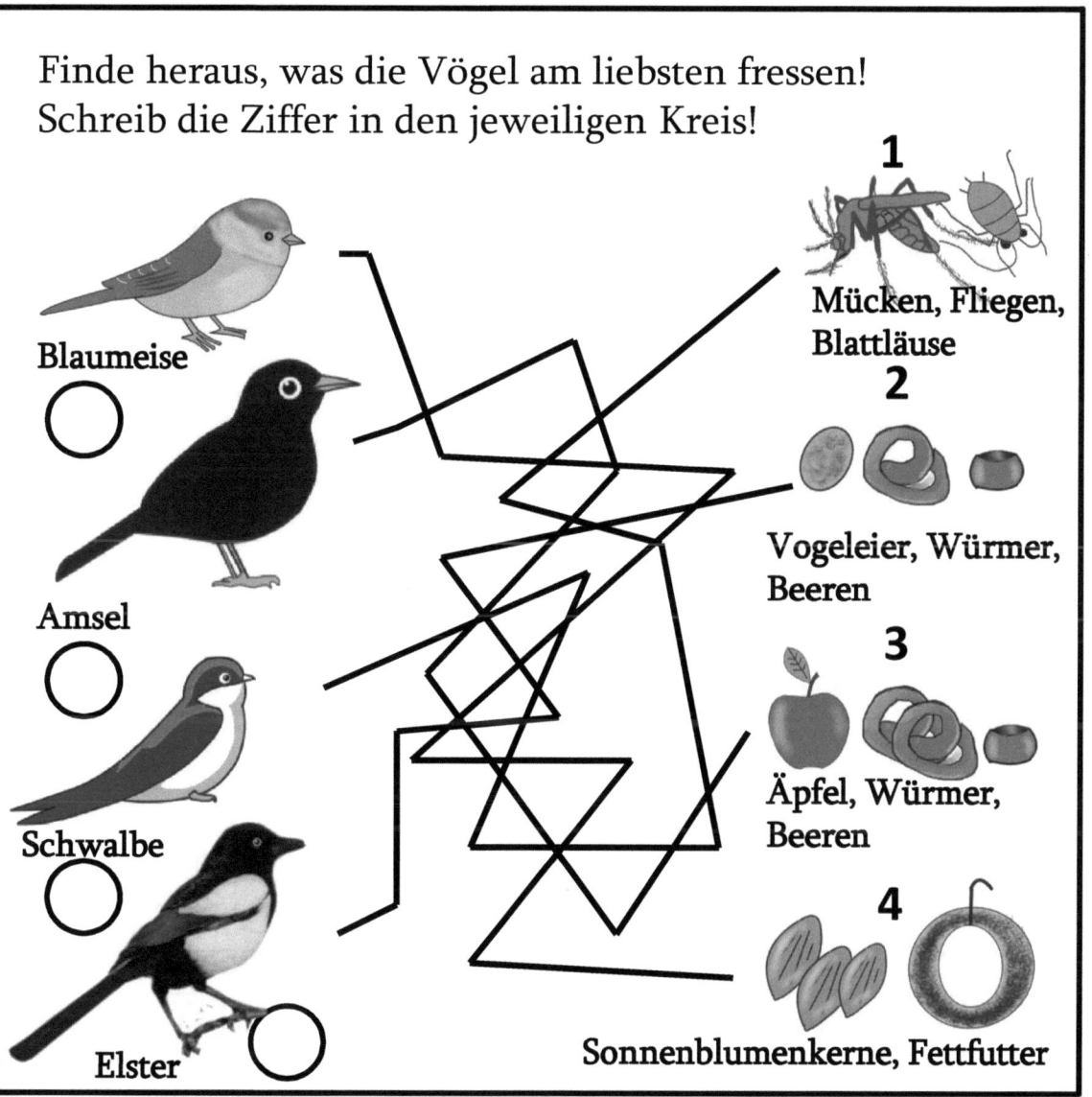

1
Mücken, Fliegen, Blattläuse

2
Vogeleier, Würmer, Beeren

3
Äpfel, Würmer, Beeren

4
Sonnenblumenkerne, Fettfutter

Blaumeise

Amsel

Schwalbe

Elster

Unsere Kindergartengruppen haben sich vorgenommen, den Müll auf der Wiese im Park einzusammeln. Was gehört nicht auf eine Wiese? Kreuze die entsprechenden Gegenstände mit einem Bleistift an!

Glasflasche

Blumen

Zeitung/ Papier

Blech- büchse

Gesichts- maske

Gras

Plastikbecher

Ameisen

Papiertaschen- tücher

Oh je, da ist ja viel zusammengekommen. Die Kinder haben 2 große Plastikbeutel mit Müll eingesammelt. Aber wohin damit? Kein Problem, sagt unsere Erzieherin, wir haben ja die Gelbe Tonne! Aber was gehört da hinein, was denkst du? Kreuze die Gegenstände an!

Glasflaschen Plastikbecher Papiertaschen-tuch Blechdose

Zeitung/Papier

Gelbe Tonne

Spülmittel

Plastik-flasche

Milch

Milchver-packung (Tetrapack)

Laub

Wir sind über die Verschmutzung der Meere sehr besorgt. Finde heraus, was nicht ins Meer gehört. Kreise die Gegenstände mit einem Buntstift ein!

„Anne …", ruft meine Mama, „ … geh dir schon mal die Zähne putzen!"
Ich überlege, was ich dazu benötige und wie oft sollte ich am Tag die Zähne putzen? Kannst du mir helfen? Kreuze mit Bleistift die entsprechenden Kästchen an!

Teller	Zahnbürste	Creme	zweimal am Tag
☐	☐	☐	☐

Zahnputzbecher	Duschbad	Zahnpasta
☐	☐	☐

Ich komme vom Spielplatz und habe schmutzige Hände. Mein Papa sagt sofort: „Paule, geh dir die Hände waschen!" Was brauche ich dazu? Kannst du mir helfen? Kreuze mit Bleistift die entsprechenden Kästchen an!

Wasser

☐

Toilettenpapier

☐

Handtuch

☐

Handschuhe

☐

Seife

☐

Zeit: 20-30 Sekunden

☐

Ich frage mich: Wann sollte man sich unbedingt die Hände waschen?
Hast du Vorschläge? Kreuze mit Bleistift die entsprechenden Kästchen an.

nach der Toilette

vor dem Essen

nach dem Sandmann

nach dem Füttern und Streicheln von Tieren

vor dem Spielen auf dem Spielplatz

nachdem das Kind nach Hause kommt

In Löchern muss jeweils ein Holzstift eingeführt werden. Welcher Holzstift passt zu welchem Loch? Schreibe mit einem Bleistift die Ziffer in das Kästchen!

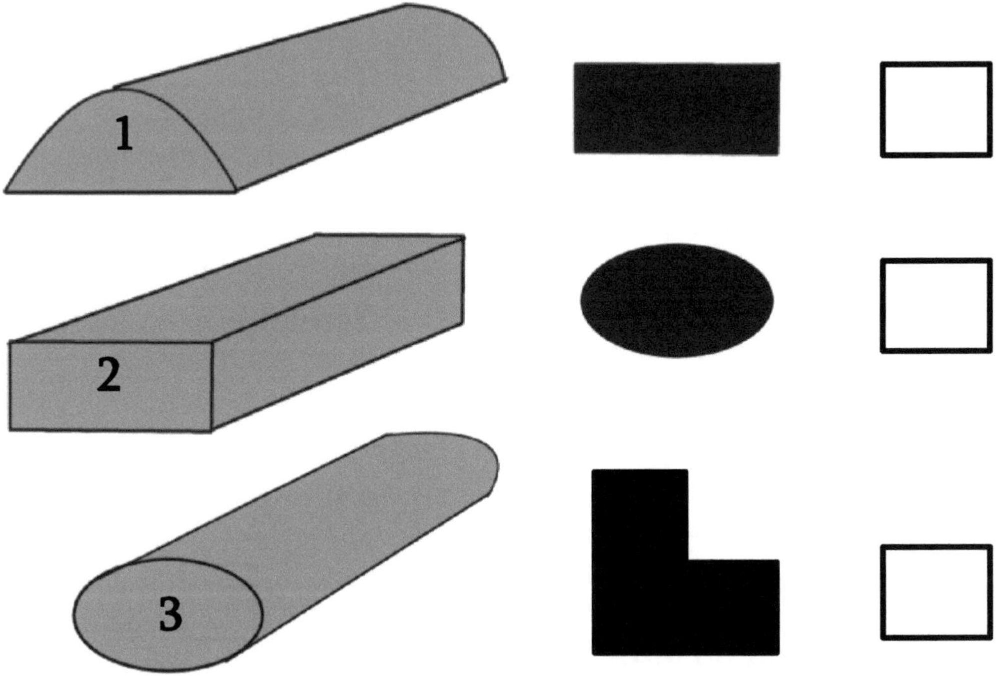

1

2

3

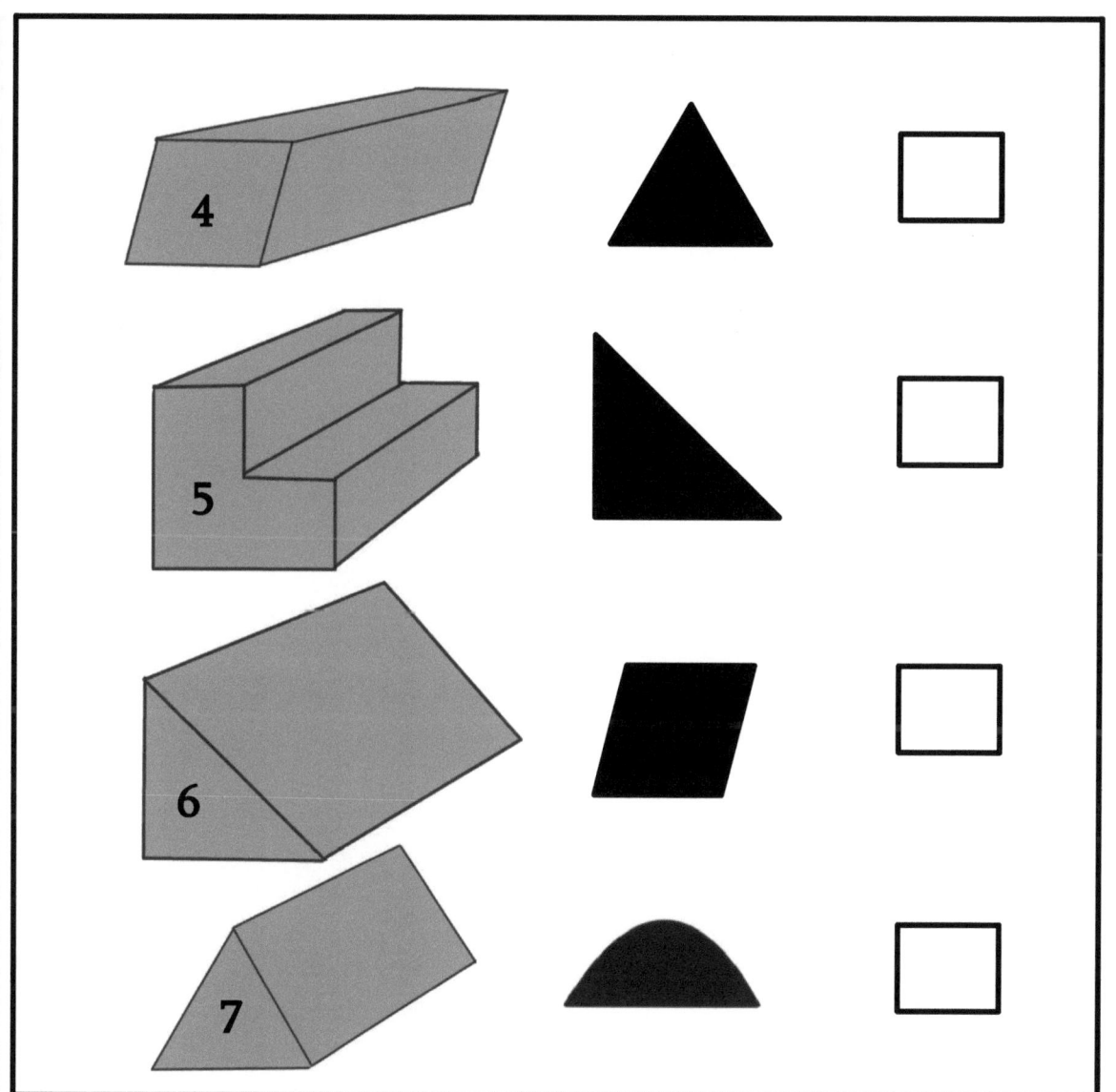

Ein Puzzle der linken Reihe kann man in ein Puzzle der rechten Reihe stecken.
Welche Puzzleteile gehören zusammen?
Verbinde sie mit einem Strich!

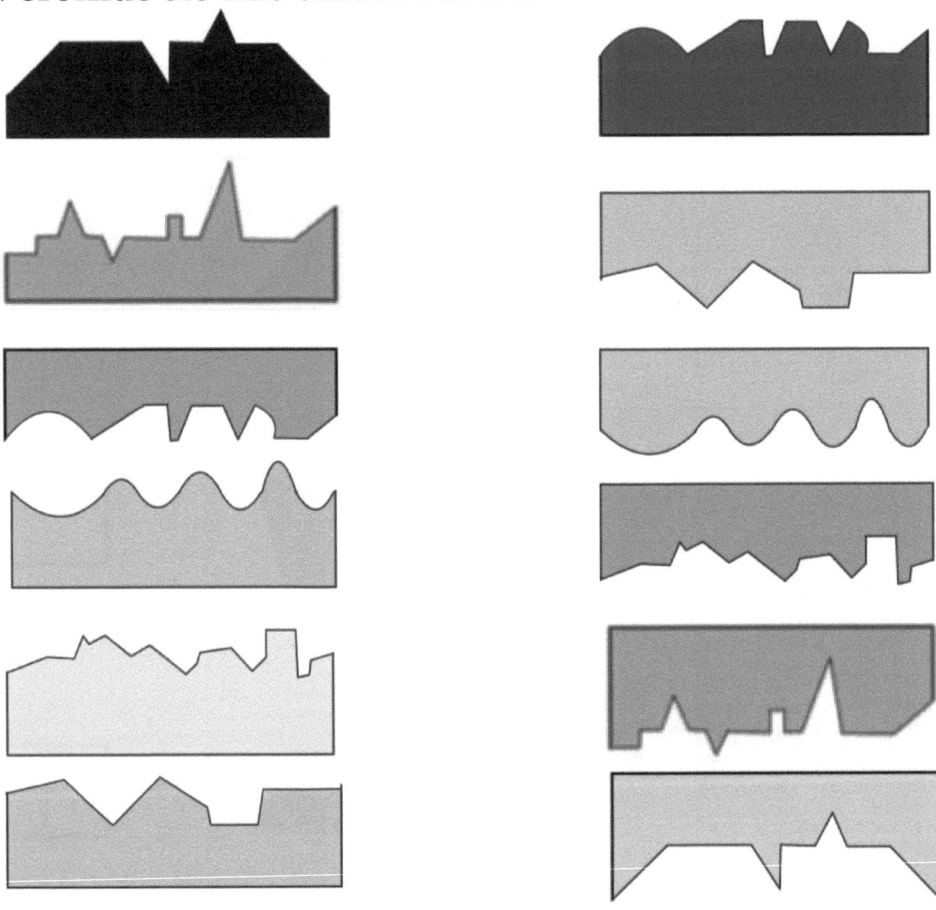

Hier siehst du Schattenbilder von Tieren.
Aber das jeweilige Schattenbild hat sich in
einzelne Puzzlestücke geteilt. Welche Teile
gehören zum jeweiligen Tier?
Verbinde sie mit einem Strich!

Wenn man durch ein Schlüsselloch schaut, kann man nicht alles erkennen. Welche Tiere/Gegenstände siehst du? Trage die Zahl des Schlüsselloches in das Kästchen auf der nächsten Seite ein!

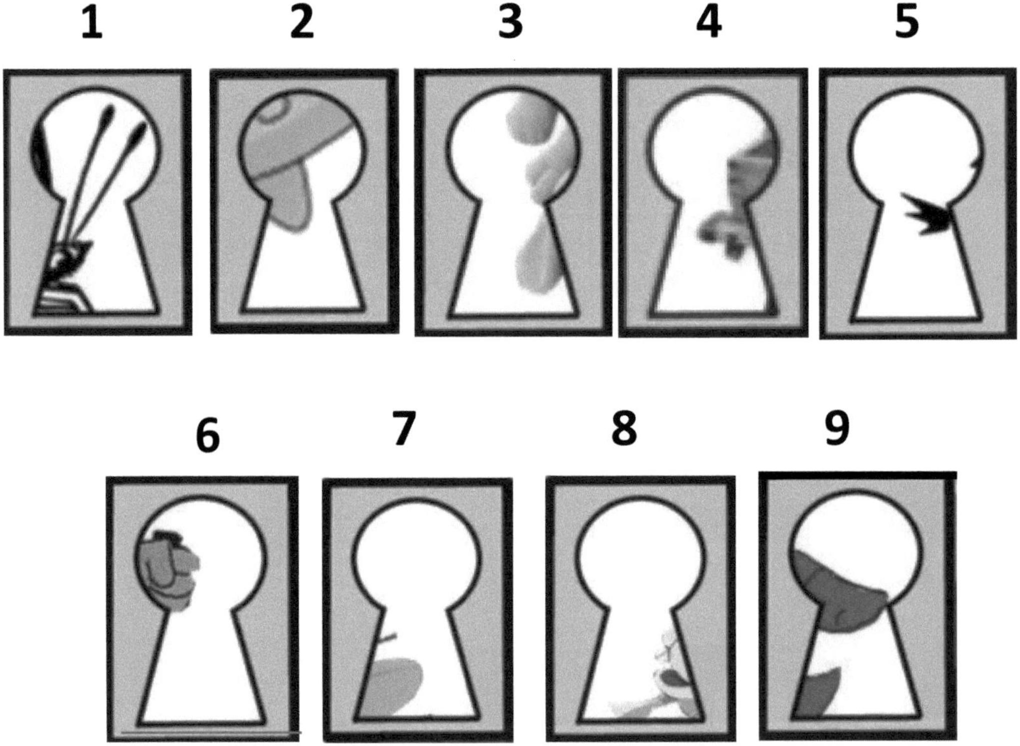

1 **2** **3** **4** **5**

6 **7** **8** **9**

33

Domino/Sudoku

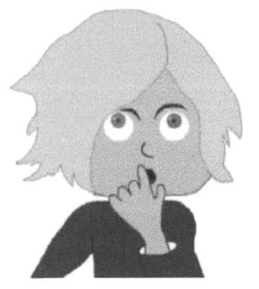

Ich spiele gern **Domino**. Die ersten 4 Steine habe ich schon richtig gelegt. Nun weiß ich nicht mehr weiter. Kannst du mir helfen? Drei Steine habe ich noch zur Verfügung. Fülle die offenen Steine mit den richtigen Punkten mit einem Bleistift aus!

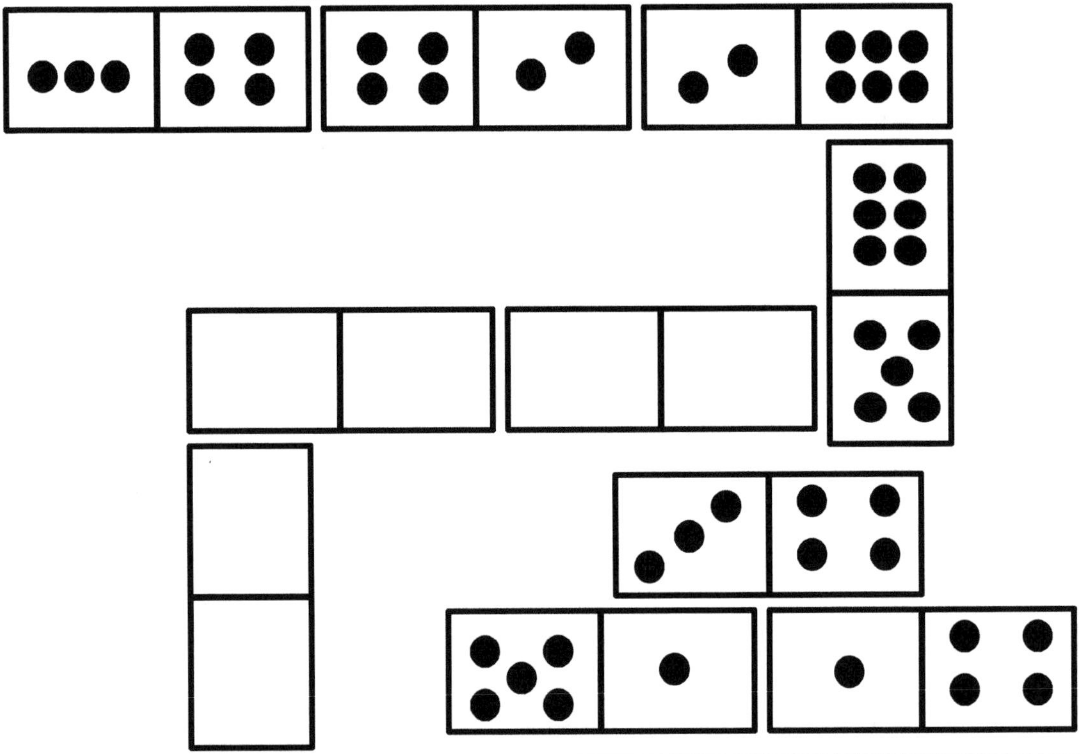

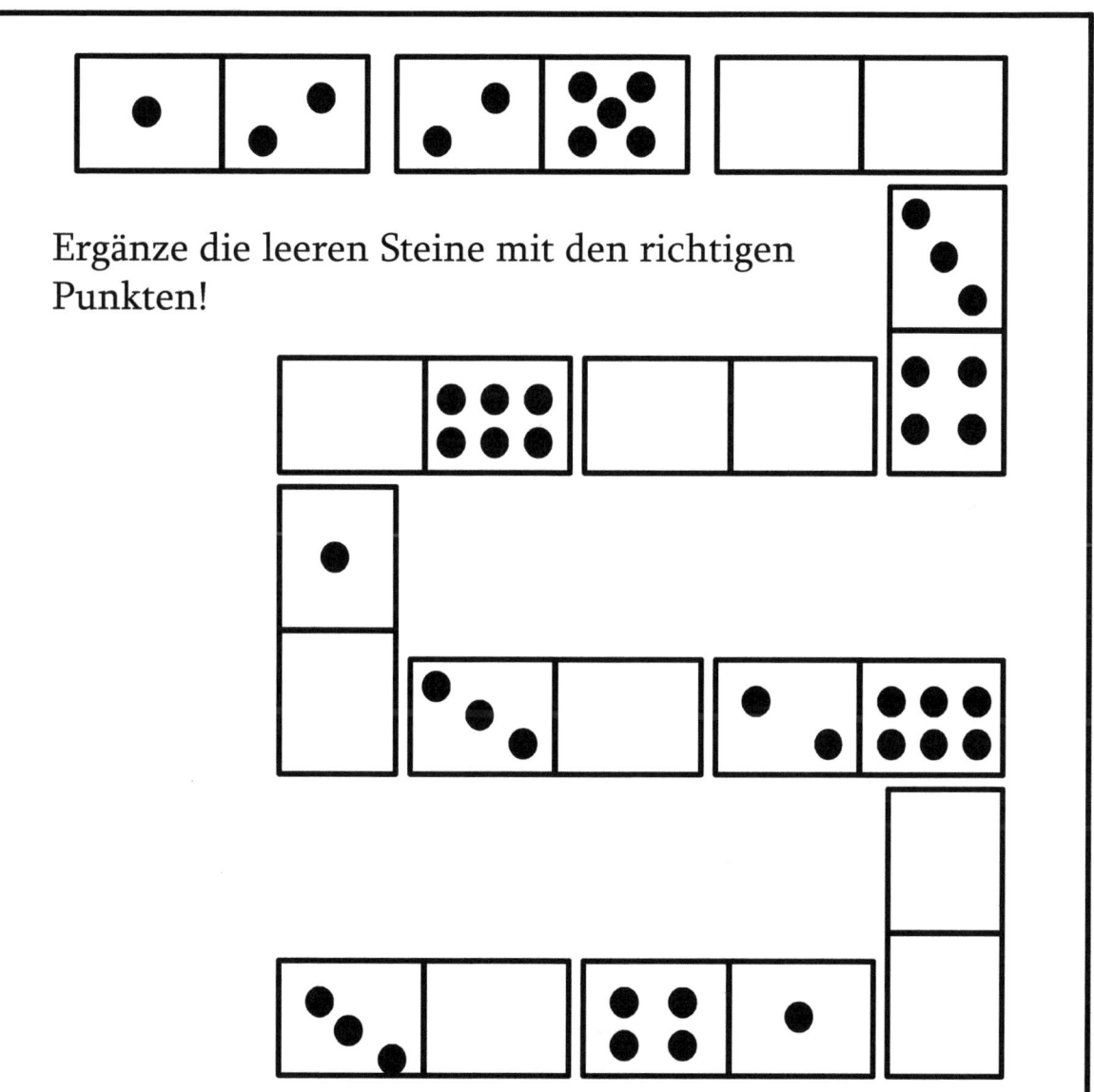

Ergänze die leeren Steine mit den richtigen Punkten!

SUDOKU ist ein Zahlenrätsel. Da wir noch nicht zur Schule gehen, wählen wir zunächst den Zahlenbereich 1 bis 4 (1-2-3-4). In diesem Viereck sind teilweise Zahlen eingetragen. Die leeren Felder sind so auszufüllen, dass in jeder waagerechten Zeile und in jeder senkrechten Spalte des gesamten Vierecks sowie innerhalb der vier kleineren Vierecke alle Zahlen von 1 bis 4 nur einmal vorkommen.
Hier ein Beispiel:

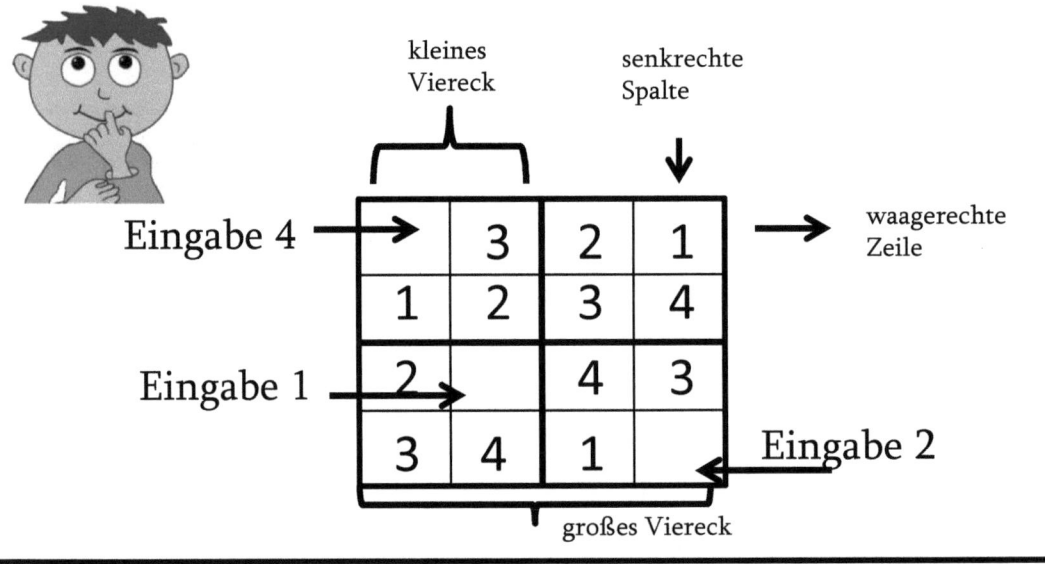

Probiere es! Aller Anfang ist schwer, aber es
wird dann immer besser.

1		3	
4	3		1
	4	1	2
			3

2		4	3
3			
			4
4	2		

3			
1		3	4
	1		2
		1	

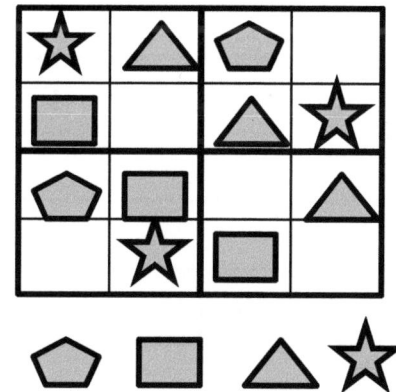

		2	1
1	2	3	
2		4	3
3		1	

4	3	1	
		3	
3	4		1
	1	4	3

	3		
1		3	4
	1		
3		1	

3		4	
	2		
		2	
	3	1	

2		4	3
3			
4	2		1

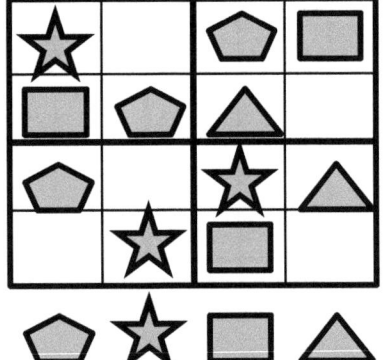

38

Märchenrätsel

In welchem Märchen gibt es eine Pechmarie?

Frau Holle

Was fiel der Prinzessin im Märchen „Der Froschkönig" in den Brunnen?

eine goldene Kugel

Wer fragt in welchem Märchen: „Knusper, knusper, knäuschen, wer knuspert an meinem Häuschen?"

die Hexe in „Hänsel und Gretel"

Was verlor Aschenputtel am dritten Tag im Königsschloss, als sie flüchtete?

ihren linken Schuh

Wo versteckt sich das siebente Geißlein, als der Wolf im Märchen „Der Wolf und die sieben jungen Geißlein" in das Haus kommt?

im Uhrenkasten

Ein Müller hatte drei Söhne. Als er starb bekam der älteste die Mühle, der zweite den Esel und der dritte einen Kater. Wie heißt das Märchen?

Der gestiefelte Kater

Was macht Rotkäppchen im Märchen „Rotkäppchen und der Wolf" auf dem Weg zur Großmutter?

Sie pflückt für die Großmutter Blumen.

Was schreibt das „Tapfere Schneiderlein" auf seinen Gürtel?

Sieben auf einen Streich

Sprache der Tiere

Wir machen die Stimmen von Tieren gern nach.
Das kannst du auch! Ergänze nur den Reim, den du
vorgelesen bekommst:

Der Deckel ist zu und
die Kuh macht ......!

muh

Die Farbe ist lila und
der Esel macht .....!

A. i.

Die Nacht ist sehr grau,
da flüstert die Katze .....!

miau

Da liegt ein Sieb und
der Vogel ruft ......!

piep

Die Goldmarie ist wieder hie
und der Hahn ruft ....!

Kikeriki!

Der Sommer ist lau und
der Hund macht ......!

wau, wau

Der Paule schreit ein kräftiges „Bäh!"
und das Schaf macht....!

mäh

Das Wetter ist wie ich es mag
und die Ente macht ... !

quak

Zahlen und Buchstaben

Verbinde die jeweilige Karte mit der richtigen Gruppe!

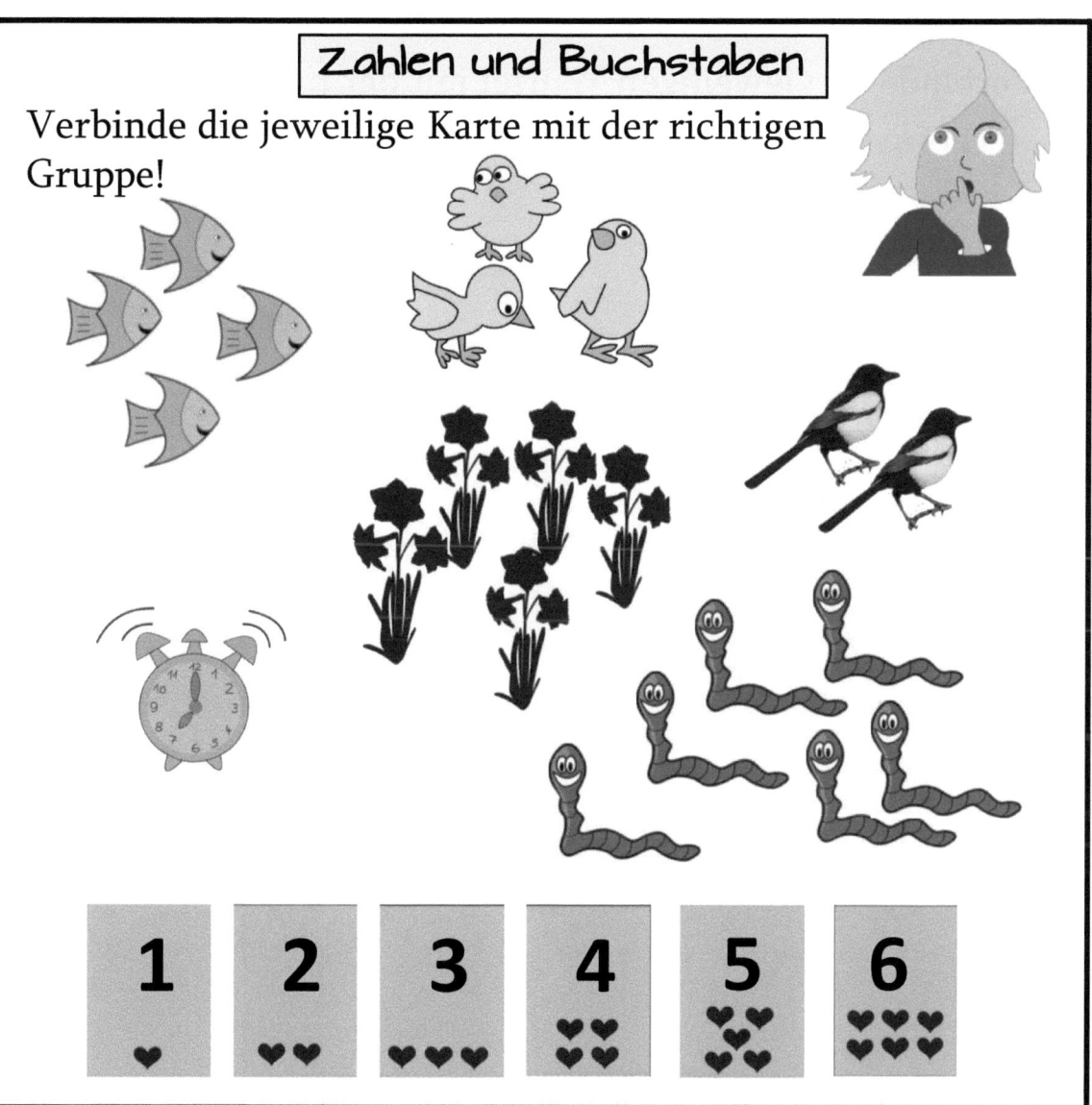

Verbinde den jeweiligen Würfel mit der richtigen Gruppe!

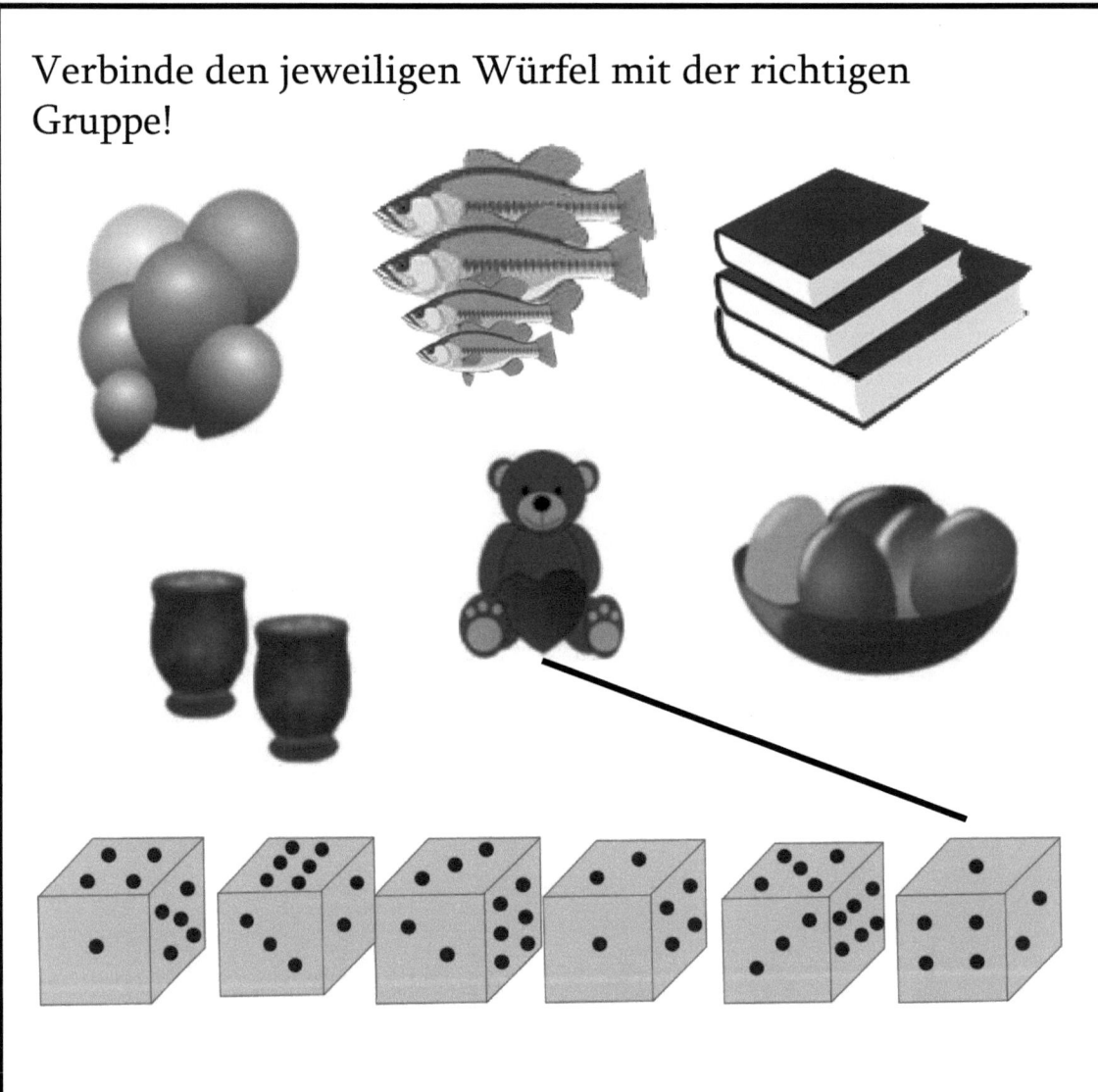

Das hast du prima gemacht. Die Zahlenreihe von 1 bis 6 klappt ja schon sehr gut. Willst du mal bis 10 zählen?

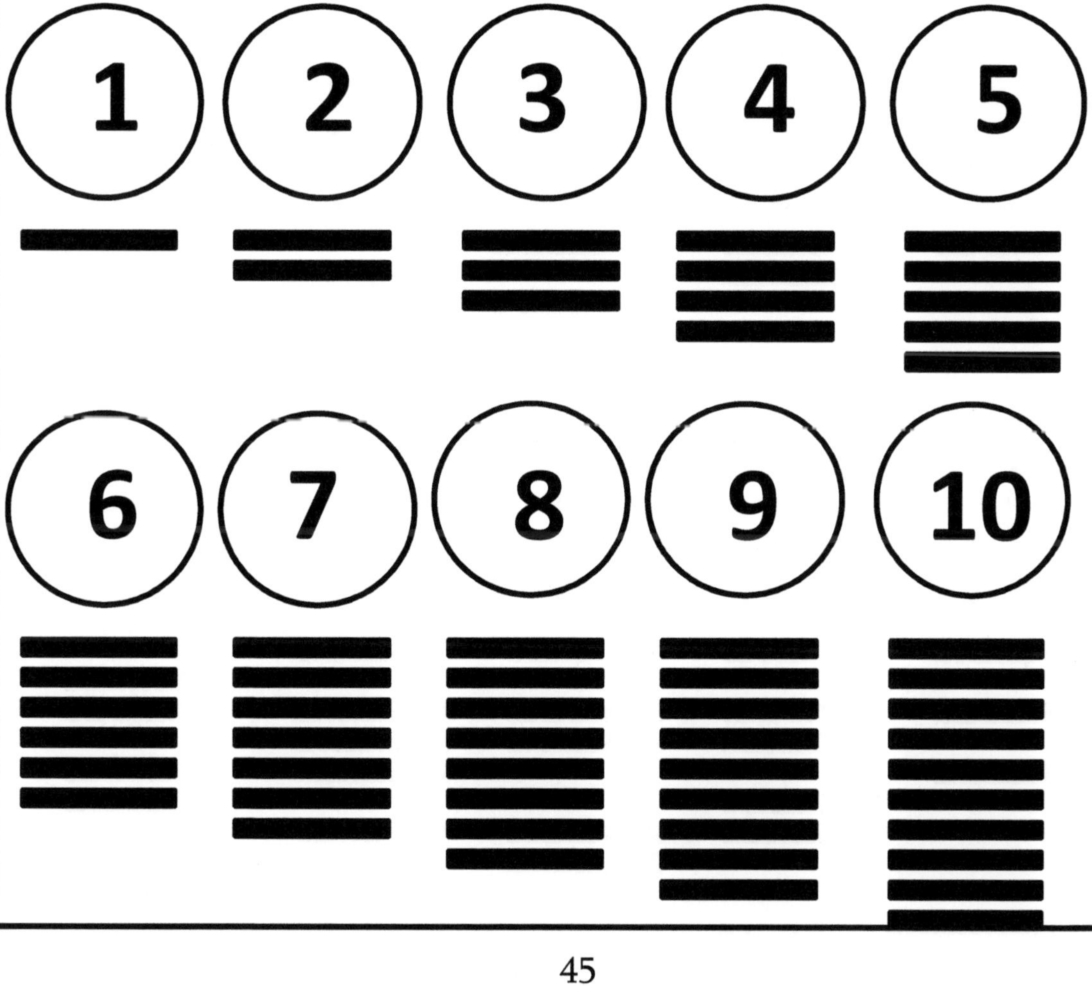

(1) (2) (3) (4) (5)

(6) (7) (8) (9) (10)

Oh je, auf diesem Bild wurden schwarze Stäbchen vergessen. Ergänze sie mit einem Bleistift und zähle, wie viele Stäbchen bei der jeweiligen Zahl vergessen wurden. Schreibe die Zahl in den kleinen Kreis!

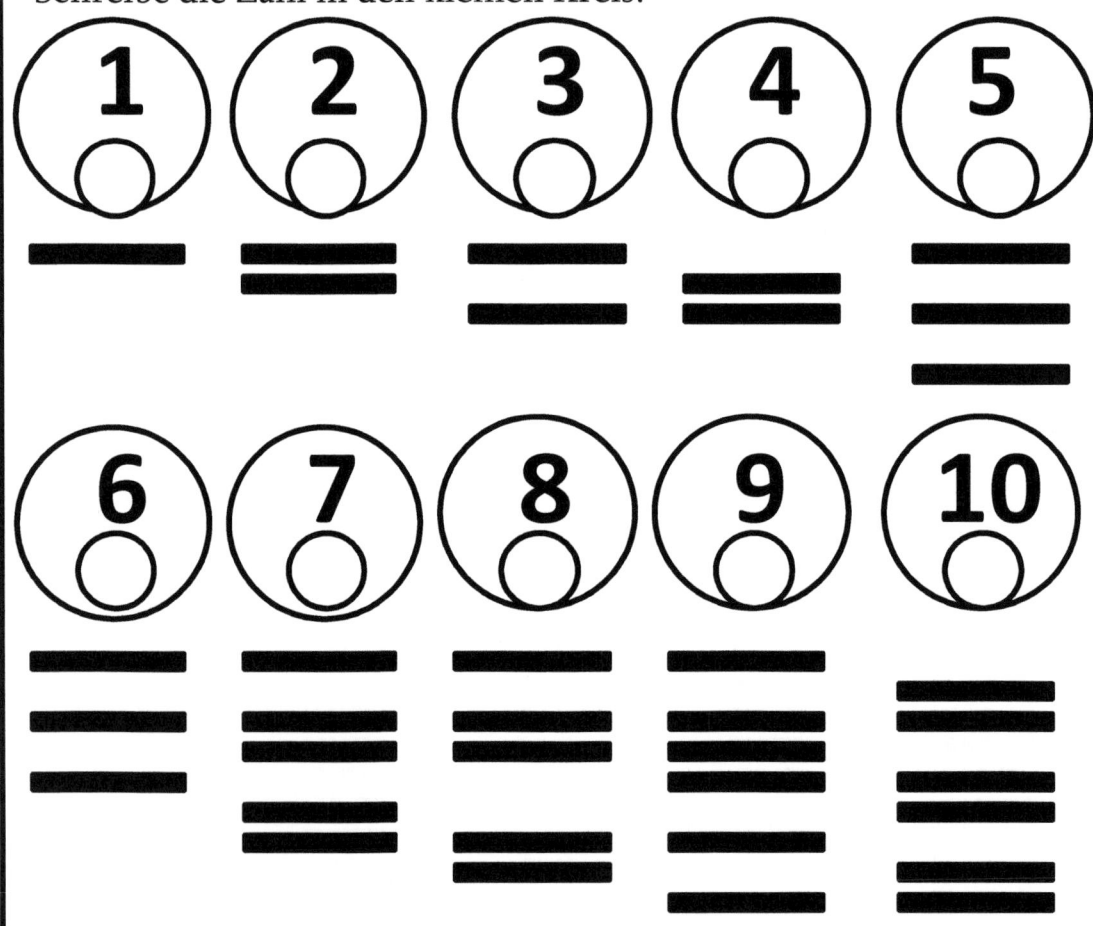

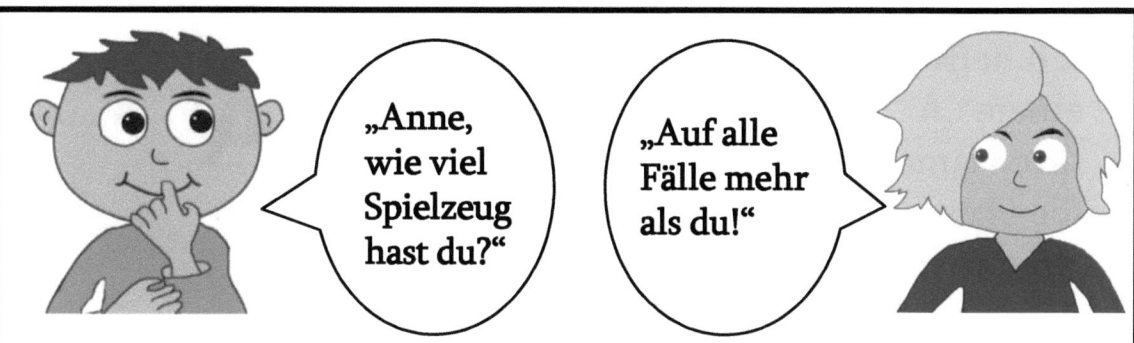

Stimmt das? Zähle das Spielzeug von uns und trage das Ergebnis in den Kreis ein! Wer hat mehr?

Ich heiße Anne und mein Name beginnt mit einem „**A**". Sieh dir die Tiere an und sprich ihre Namen laut aus. 3 Tiere sind darunter, die ebenfalls mit einem „**A**" beginnen. Kreuze sie mit einem Bleistift im Kästchen an!

Ich heiße Paule und mein Name beginnt mit einem „**P**". Sieh dir die Tiere/Gegenstände an und sprich ihre Namen laut aus.
5 beginnen ebenfalls mit „**P**". Kreuze sie mit einem Bleistift im Kästchen an!

P

Hunde-rasse?

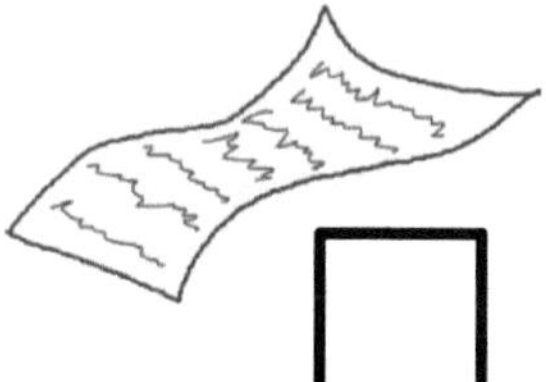

49

Sieh dir die Bilder genau an und sprich die Namen laut aus. Sag, mit welchem Buchstaben der Mensch/das Tier/der Gegenstand beginnt. Der Anfangsbuchstabe steht neben dem Bild.

Sieh dir die Bilder genau an und sprich die Namen laut aus. Sag, mit welchem Buchstaben der Mensch/das Tier/der Gegenstand beginnt. Der Anfangsbuchstabe steht neben dem Bild.

M

N

O

P

Q

R

S

T

U

V

W

X „X"

Y Yeti

Z

Suchbild und Labyrinth

<u>Suchbild 1:</u> Auf dem rechten Bild haben sich einige Veränderungen eingeschlichen. Finde den Unterschied!

Kreise die Veränderungen (12) mit einem
Bleistift (oder Buntstift) ein!

Suchbild 2:

Kreise die Veränderungen (6) mit einem
Bleistift (oder Buntstift) ein!

Suchbild 3:

Kreise die Fehler (8) mit einem Bleistift (oder Buntstift) ein!

Wie kommt der Hase zur Möhre?

Ich möchte Paule besuchen. Zeig mir den Weg!

Wie kommt der Vogel zu seinem Futter? Zeig ihm den Weg!

Wie kommt der Affe an die Banane?
Zeig ihm den Weg!

Ich gehe nach Hause. Auf dem Weg sehe ich viele Zahlen. Zeichne meinen Weg ein und zähle, wie oft ich die Zahl „5" sehe. Schreibe das Ergebnis in das Kästchen!

Auf dem Weg zum Kindergarten sehe ich Buchstaben. Zeichne meinen Weg ein und zähle, wie oft ich den Buchstaben „**A**" sehe. Schreibe das Ergebnis in das Kästchen!

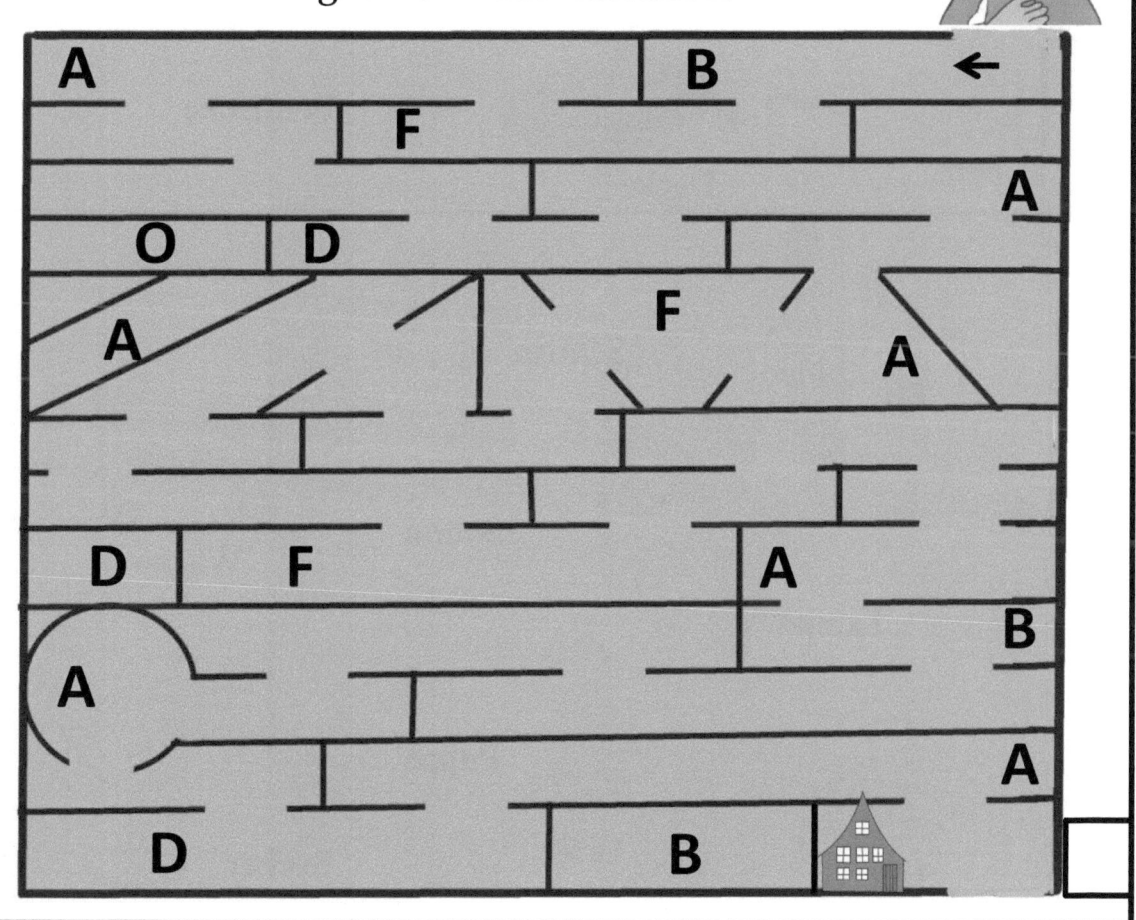

Welche zwei Gegenstände kann man zu einem Wort zusammenfügen? Verbinde sie mit einem Strich und sage das Wort! Hier ein Beispiel:

Bett + **Decke** → **Bettdecke**

Eis

Schirm

Lampe

Sonne

Wagen

Hut

Puppe

Becher

Aus dem Wasserhahn kommen Fische.
Richtige Antwort: nein

Der Hahn brütet die Eier nicht aus.
Richtige Antwort: nein

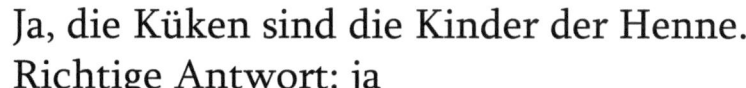

Ja, die Küken sind die Kinder der Henne.
Richtige Antwort: ja

Maulwürfe fressen alles was ihnen in ihrem
Bau vor die Nase kommt (kleine Mäuse und
leider auch die nützlichen Regenwürmer).
Richtige Antwort: nein

Bienen beißen nicht, sie stechen.
Richtige Antwort: nein

Tatsächlich, Grashüpfer können bis zu
einem Meter weit springen.
Richtige Antwort: ja

 Paule fährt ohne Fahrradhelm; Lampe und Klingel fehlen. Richtige Antwort: nein

 Der Junge hat nur 6 Nüsse, das Mädchen hat 7 Bonbons. Richtige Antwort: nein

 Auf keinen Fall! Zugefrorene Seen/Teiche nicht betreten! Lebensgefahr! Richtige Antwort: nein

 Aus einem Hühnerei kann keine Ente schlüpfen. Richtige Antwort: nein

 Richtige Antwort: ja

Seite 10

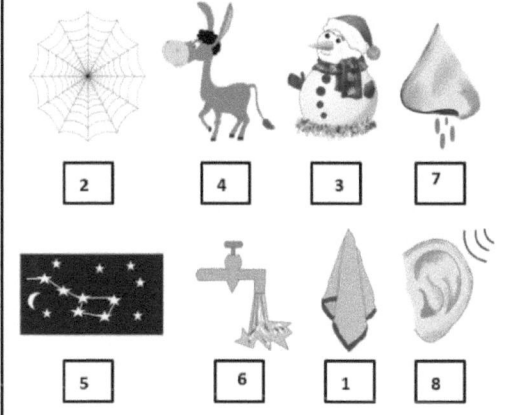

Seite 19

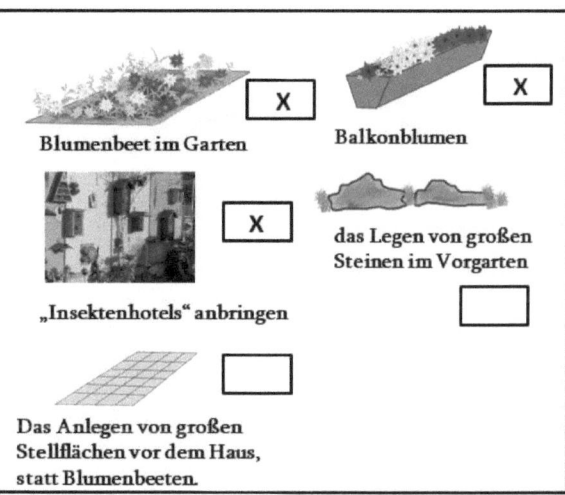

Seite 18

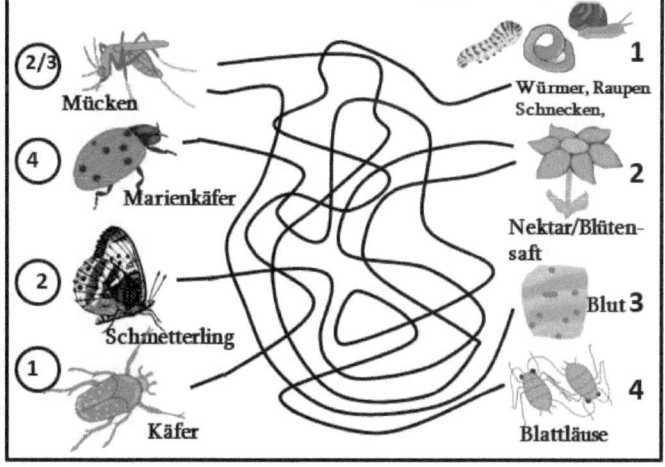

Seite 21

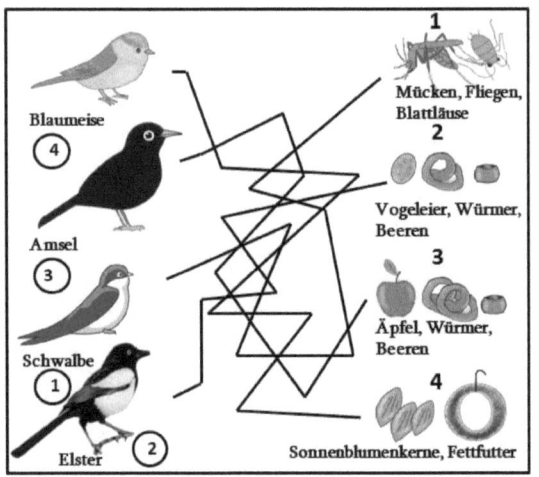

Blaumeise (4)

Amsel (3)

Schwalbe (1)

Elster (2)

1 Mücken, Fliegen, Blattläuse

2 Vogeleier, Würmer, Beeren

3 Äpfel, Würmer, Beeren

4 Sonnenblumenkerne, Fettfutter

Seite 22

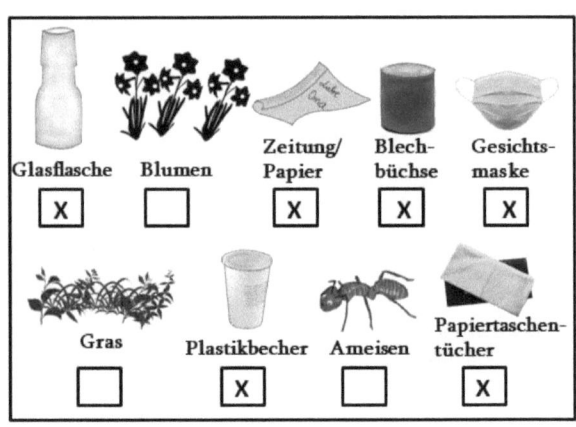

Glasflasche [X]   Blumen [ ]   Zeitung/Papier [X]   Blechbüchse [X]   Gesichtsmaske [X]

Gras [ ]   Plastikbecher [X]   Ameisen [ ]   Papiertaschentücher [X]

Seite 23

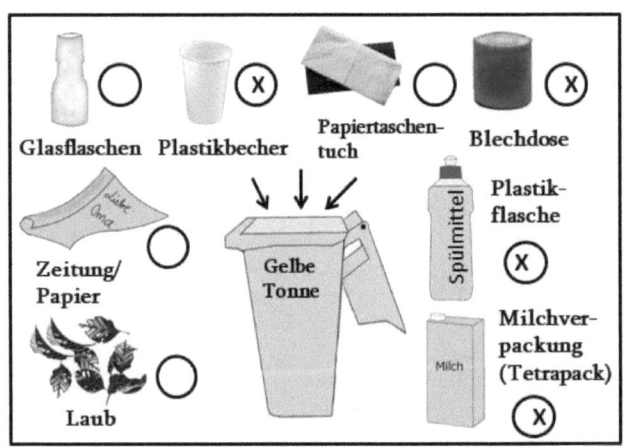

Glasflaschen (○)   Plastikbecher (X)   Papiertaschentuch (○)   Blechdose (X)

Zeitung/Papier (○)

Gelbe Tonne

Laub (○)

Plastikflasche (X)

Milchverpackung (Tetrapack) (X)

Glasflaschen kommen in die Glastonne (nach Farbe); Papiertaschentücher sind Restmüll (Schwarze Tonne); Laub kommt in die Bio-Tonne; Papier/Zeitungen kommen in die Papier/Pappe-Tonne.

Seite 24

Seite 25

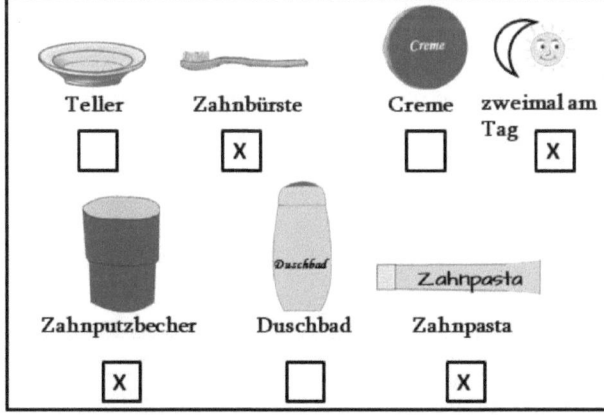

Teller ☐
Zahnbürste ☒
Creme ☐
zweimal am Tag ☒
Zahnputzbecher ☒
Duschbad ☐
Zahnpasta ☒

Seite 26

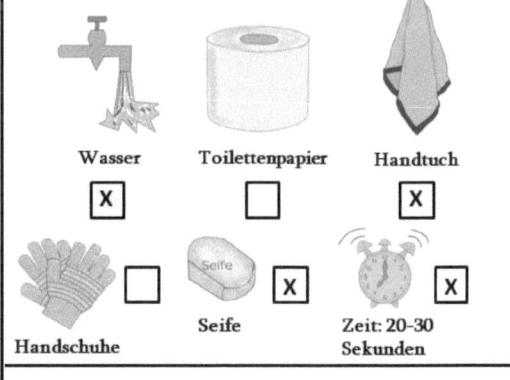

Wasser ☒
Toilettenpapier ☐
Handtuch ☒
Handschuhe ☐
Seife ☒
Zeit: 20-30 Sekunden ☒

69

Seite 27

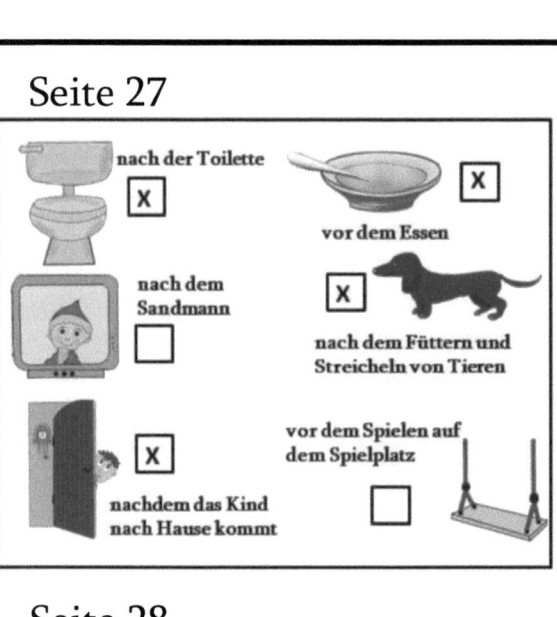

nach der Toilette [X]

vor dem Essen [X]

nach dem Sandmann [ ]

nach dem Füttern und Streicheln von Tieren [X]

vor dem Spielen auf dem Spielplatz [ ]

nachdem das Kind nach Hause kommt [X]

Seite 30

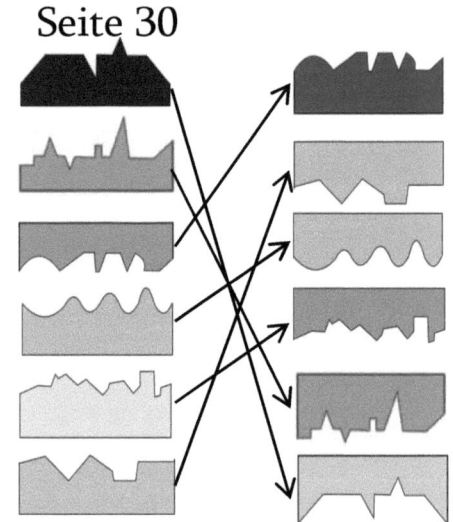

Seite 28

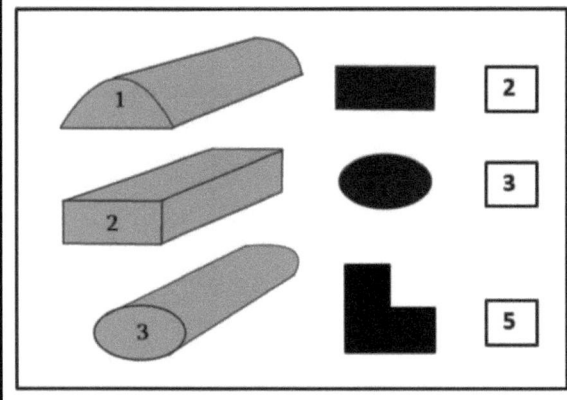

1

2

3

[2]

[3]

[5]

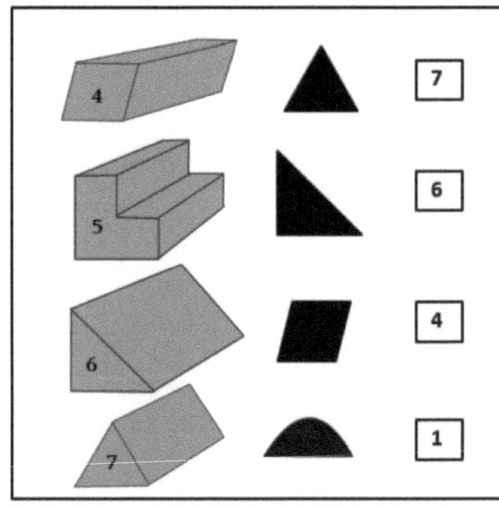

4

5

6

7

[7]

[6]

[4]

[1]

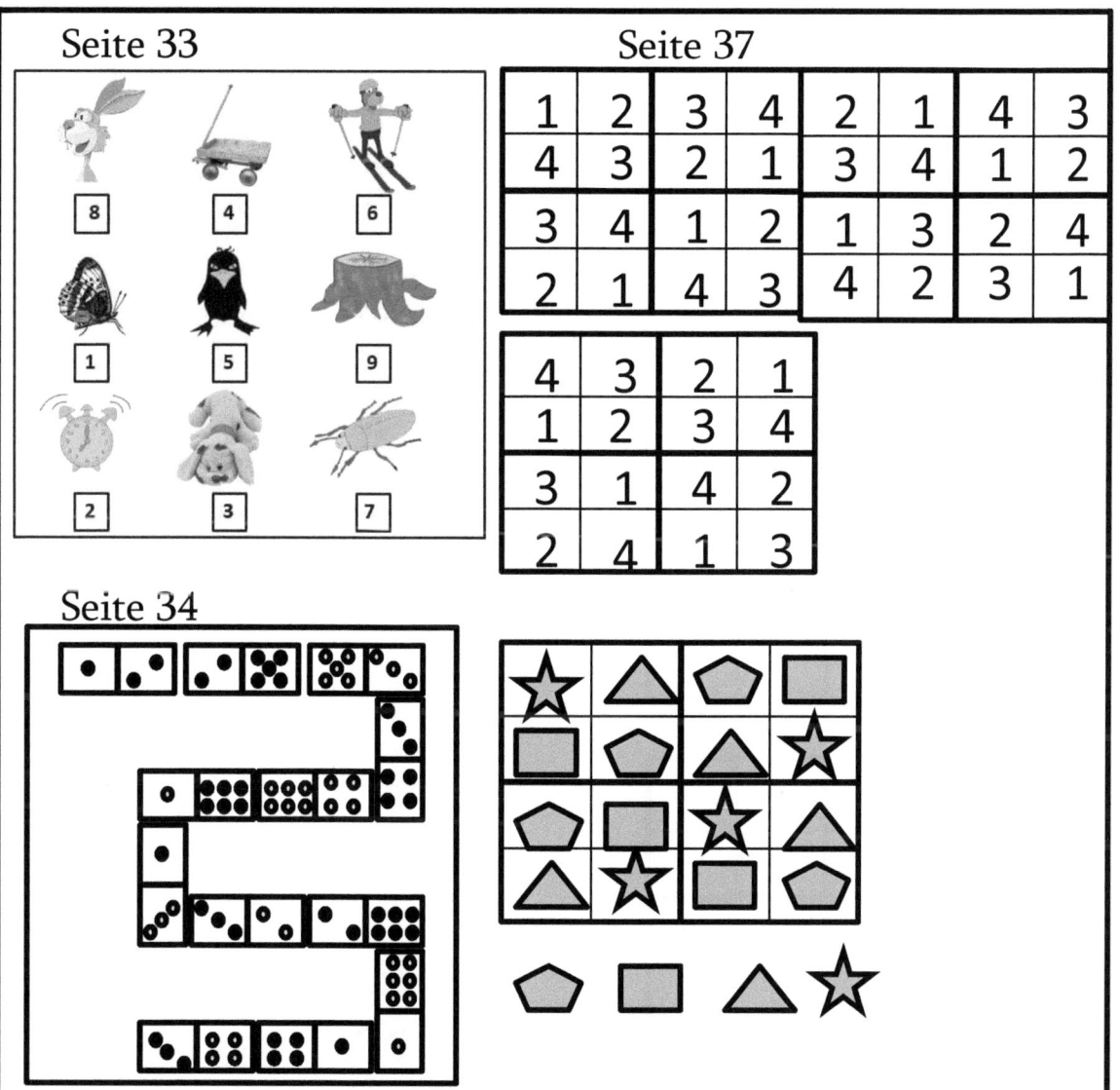

Seite 33

Seite 37

1	2	3	4
4	3	2	1
3	4	1	2
2	1	4	3

2	1	4	3
3	4	1	2
1	3	2	4
4	2	3	1

4	3	2	1
1	2	3	4
3	1	4	2
2	4	1	3

Seite 34

Seite 38

4	3	2	1
1	2	3	4
2	1	4	3
3	4	1	2

4	3	1	2
1	2	3	4
3	4	2	1
2	1	4	3

4	3	2	1
1	2	3	4
2	1	4	3
3	4	1	2

3	1	4	2
4	2	3	1
1	4	2	3
2	3	1	4

2	1	4	3
3	4	1	2
1	3	2	4
4	2	3	1

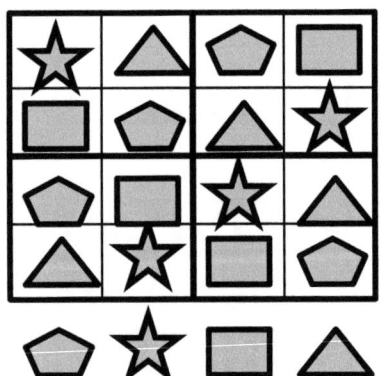

Seite 31

Seite 43

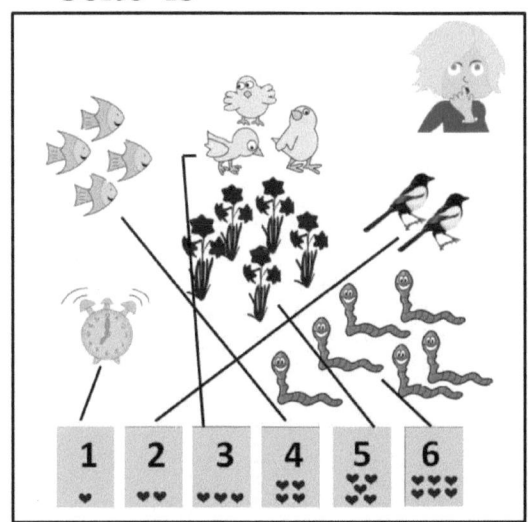

Seite 44

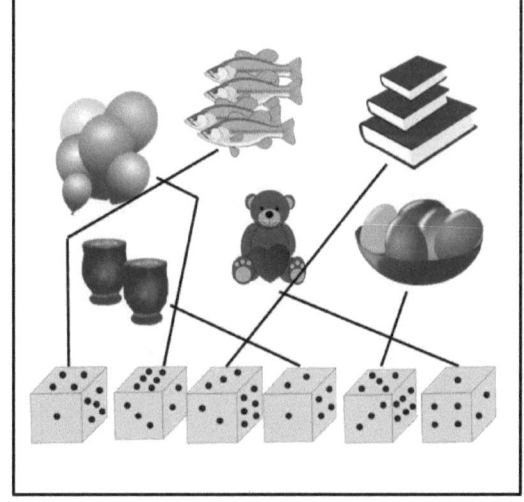

73

Seite 46

Auweia, auf diesem Bild wurden einige schwarze Stäbchen vergessen. Ergänze sie mit einem Bleistift und zähle wie viel Stäbchen bei der jeweiligen Zahl vergessen wurden und schreibe die Zahl in den kleinen Kreis!

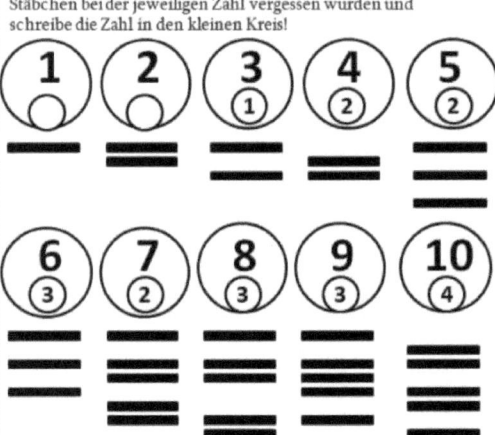

Seite 47

Paule hat mehr Spielzeug!

Seite 48

Affe

Ameise

Adler

Seite 49

Hunderasse?

Pudel

Pinsel

Puppe

Pinguin

Papier

Seite 52

Seite 54

Seite 56

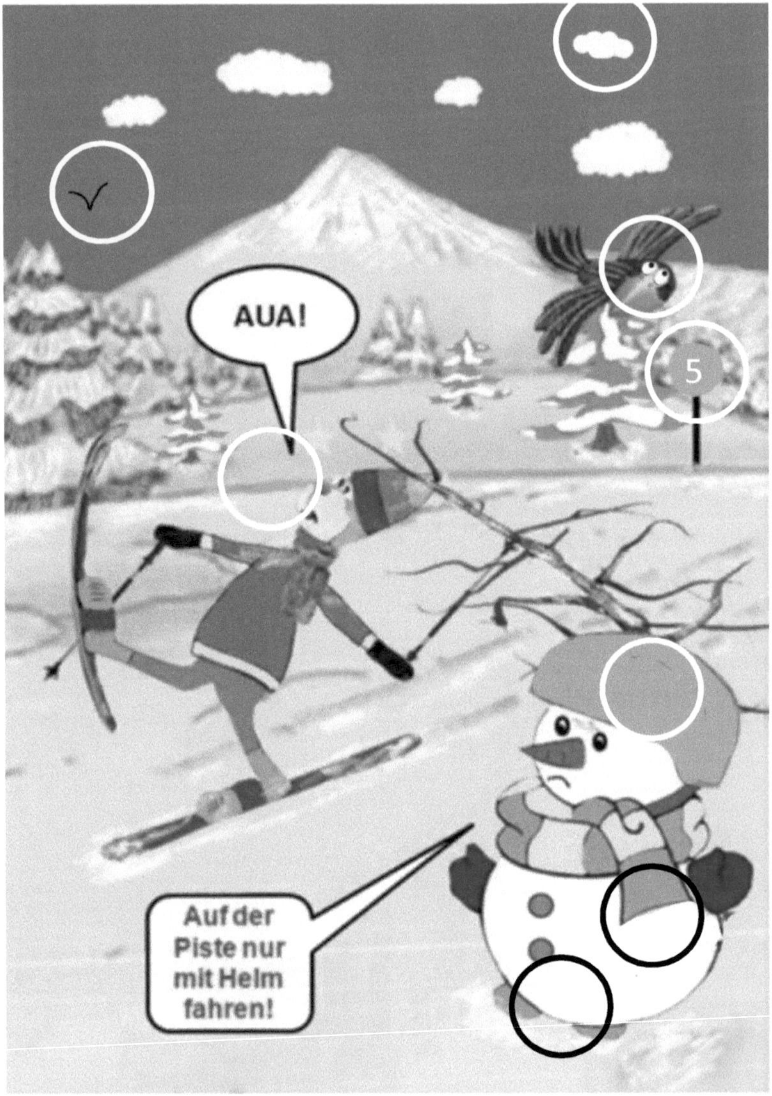

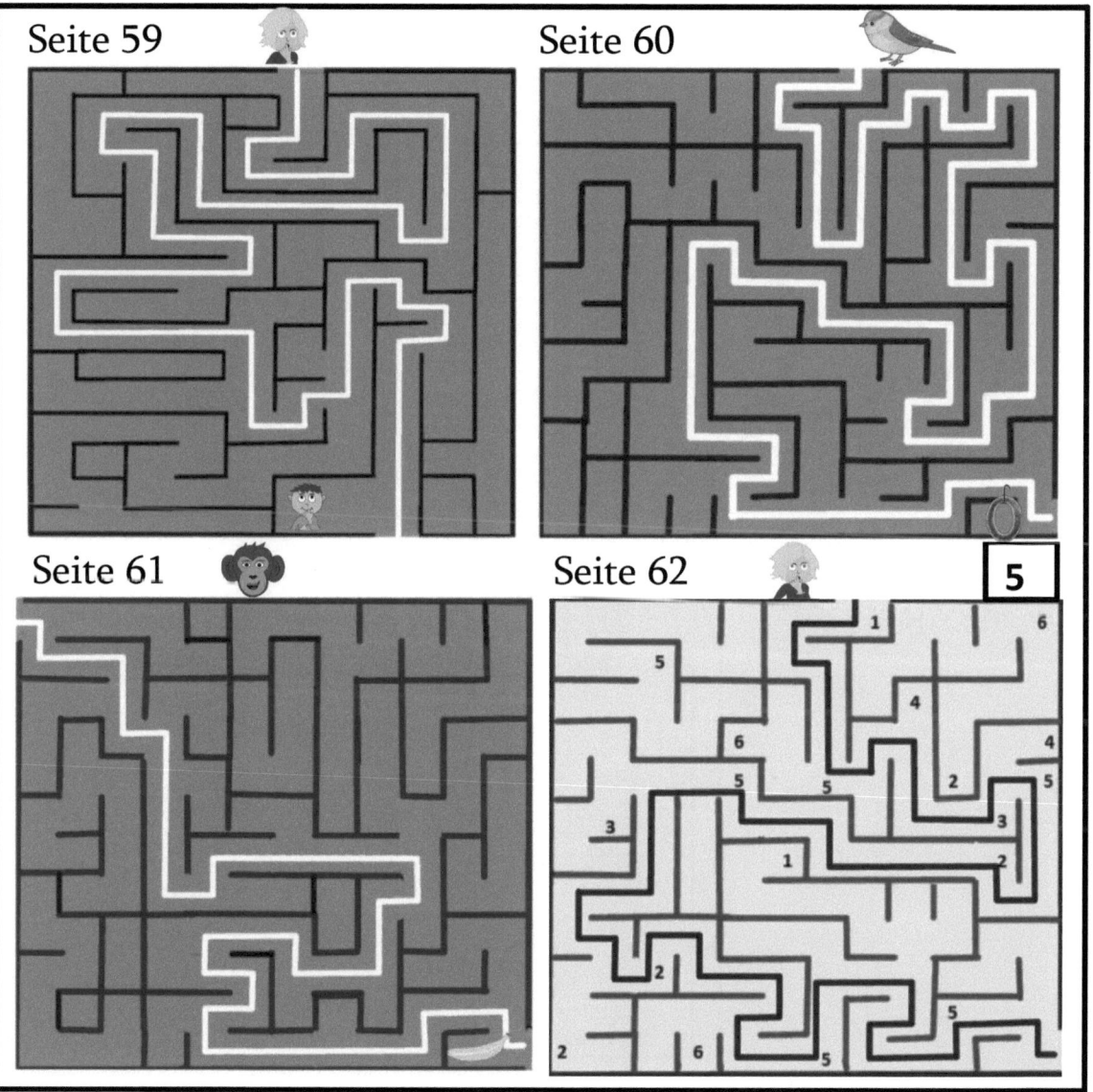

Seite 59

Seite 60

Seite 61

Seite 62

5

Seite 58

Seite 63

Seite 64

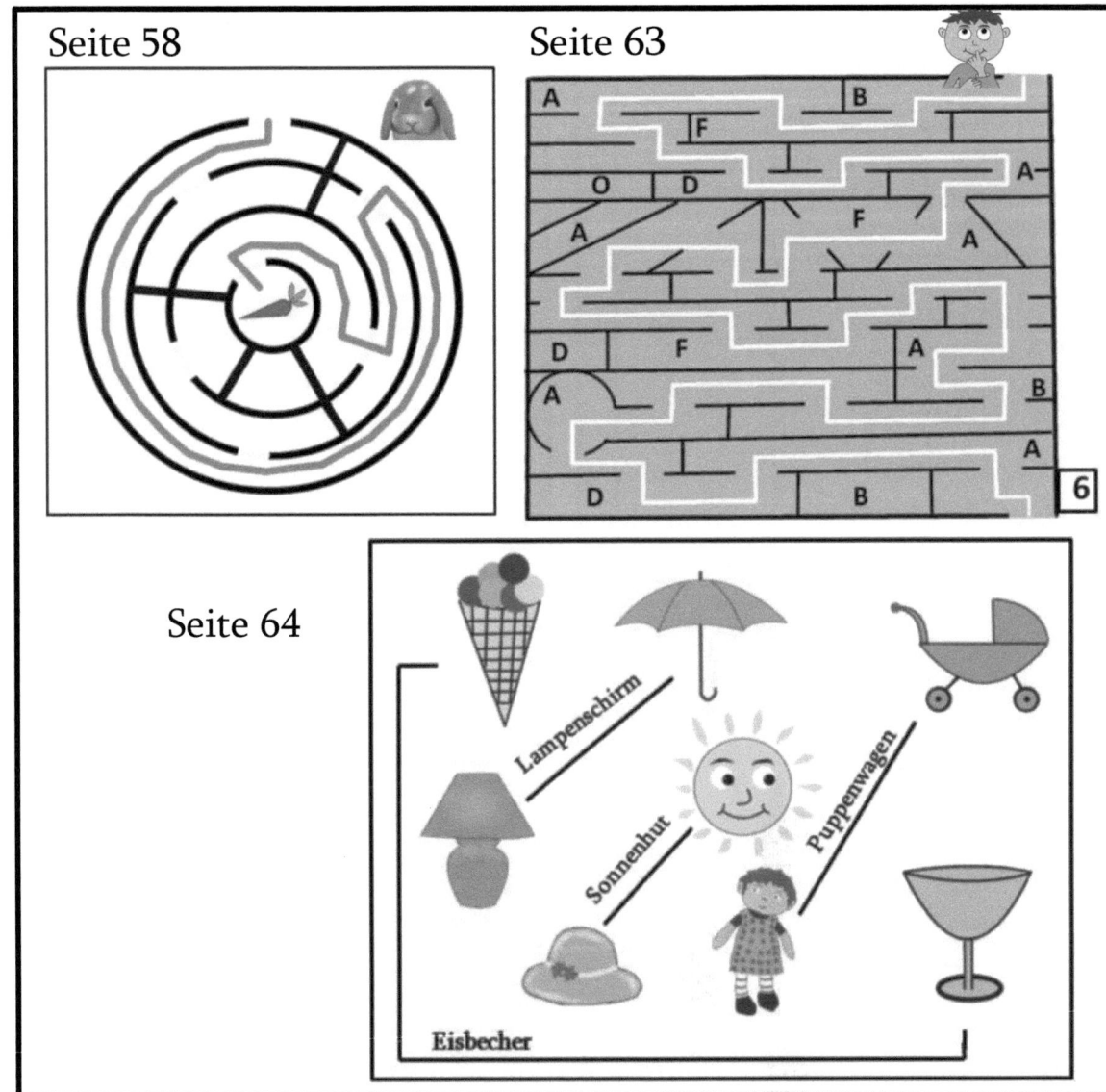

Hurra, du hast es geschafft!
Wie hat dir das Rätselbuch gefallen?
Über eine Bewertung/Einschätzung
würden wir uns sehr freuen.

Du kannst uns auch an folgende E-Mail-Adresse
schreiben: wolfgang-kulla@gmx.de
Du bekommst garantiert eine Antwort. Wir wünschen dir
alles Liebe und Gute! Bleib weiterhin schön neugierig.
Deine Anne und dein Paule

Hier zeigen wir dir noch einige Kinderbücher des Autors,
die für Kinder in deinem Alter geschrieben wurden: